GW01607548

Retrouvez toute notre collection sur :

www.quellehistoire.com

À découvrir égal

dans la collection Histo

Disponible

Disponible

Disponible

Disponible

Coffret 4 livres
Disponible

La collection Mythologie

pour tout connaître des grands héros de l'Antiquité

Disponible

Disponible

Disponible

Disponible

Édition et conception : Quelle Histoire SAS. 22, Villa de Lourcine 75014 Paris
Illustrations : Bruno Wennagel, Mathieu Ferret, Aurélie Verdon
Textes : Patricia Crété

Siège social : 22, Villa de Lourcine 75014 Paris

www.quellehistoire.com
contact@quellehistoire.fr

Fabriqué par Labelfab / Imprimé en France par Stin Imprimerie - Toulouse

Dépôt légal octobre 2015

Loi n°49-956 du 16 juillet 1949 sur les publications destinées à la jeunesse

Neil Armstrong

L'enfance

C'est à Wapakoneta, une petite cité de l'Ohio fondée par les chefs indiens Blue Jacket (Veste bleue) et Black Hoof (Sabot noir), que naît Neil Armstrong le 5 août 1930. Il va passer son enfance à déménager à cause du métier de son père, et à regarder voler les avions : il a tout juste 2 ans la première fois qu'il en voit un. Et il est fasciné. Aucun doute : il sera aviateur.

1930-1944

Les études

Après avoir terminé le lycée, obtenu son brevet de pilote à 16 ans (avant le permis de conduire), Neil entre à l'université Purdue (Indiana) pour y étudier l'aéronautique. Il a toujours la tête dans les étoiles. Comme la famille n'a pas d'argent pour payer les études, il obtient une bourse (une aide financière) : il pourra étudier, mais en échange, il faudra qu'il fasse trois ans de service militaire dans la marine.

1945-1949

PURDUE UNIVERSITY

Trois ans dans la marine

Après plusieurs mois de formation dans des bases militaires américaines, Armstrong apprend à voler sur des avions à réaction et à se poser sur des porte-avions. En août 1951, il est engagé dans la guerre de Corée, un conflit qui se déroule en Asie. Il réalise 78 missions et sera décoré trois fois. Le 23 août 1952, il quitte la marine et reprend ses études à l'université Purdue.

1949-1952

107

Pilote d'essai

En mars 1955, Armstrong entre comme pilote d'essai dans l'armée de l'air américaine. Il va essayer de nouveaux modèles sur la base Edwards, en Californie. Il vole aussi sur les premiers avions-fusées, atteignant des altitudes et des vitesses incroyables. Mais c'est un métier très dangereux : parfois, c'est un moteur qui explose ; parfois le train d'atterrissage qui se casse. Heureusement, chaque fois Armstrong s'en sort sans être blessé.

1955-1960

NASA
U.S. AIR FORCE

Programme Apollo

Le programme, lancé par le président Kennedy en janvier 1961, est confié à la NASA. Son but : rattraper les Soviétiques dans la course à l'espace, car ceux-ci ont lancé le premier satellite, envoyé le premier être vivant (une petite chienne) et le premier homme dans l'espace, Youri Gagarine, le 12 avril 1961. Alors, pour le président américain, il faut réagir : le premier homme sur la Lune sera un Américain. Armstrong fait partie de l'équipe d'astronautes sélectionnés.

1961-1975

L'entraînement

Armstrong se lance à fond dans une préparation physique particulièrement difficile. Il faut résister à l'accélération de la fusée et s'habituer au manque de pesanteur dans l'espace. Pour cela, la NASA a l'idée de faire travailler les hommes en piscine, avec leurs scaphandres. Mais il y a aussi « l'entraînement géologique » : manger des serpents par exemple, au cas où, au retour de mission, ils atterriraient dans une zone sauvage.

1962-1968

Le départ vers la Lune

Ça y est : l'équipage est choisi pour la mission Apollo 11 qui va déposer les premiers hommes sur la Lune. Il y a Neil Armstrong, chef de mission, Buzz Aldrin, son second, et Michael Collins, pilote du module qui restera en orbite autour de la Lune. Le 16 juillet, à 9 heures du matin (heure locale), la fusée Saturn s'élève, dans une gerbe de feu et un bruit d'enfer, de cap Canaveral.

---

16 juillet 1969

Sur la Lune

Après un voyage de quatre jours, Aldrin et Armstrong, à bord du module lunaire Eagle (Aigle), alunissent sur la mer de la Tranquillité. Puis devant près d'un milliard de téléspectateurs, Armstrong sort le premier et pose le pied sur la Lune, suivi par Aldrin. Ils prennent des photos, des films, plantent le drapeau américain, font des relevés scientifiques, ramassent plus de 20 kilos de cailloux, tout cela en direct à la télévision. Incroyable !

---

20 juillet 1969

Le retour

Après plus de 21 heures sur la Lune, il est temps pour Aldrin et Armstrong de rejoindre Collins toujours en orbite. Le 24 juillet, en plein océan Pacifique, le vaisseau spatial amerrit comme prévu, non loin du porte-avions américain *Hornet*, chargé de récupérer l'équipage qui reste en quarantaine (c'est-à-dire isolé au cas où ils auraient rapporté une maladie inconnue). Ils vont faire de nombreuses conférences de presse dans le monde entier.

---

24 juillet 1969

Les dernières années

En août 1971, Armstrong quitte la NASA. Il va faire différents métiers : professeur à Cincinnati, enquêteur lors d'accidents de navettes spatiales, et fermier. Il s'installe en 1994 avec sa nouvelle épouse Carol Knight dans une ferme de l'Ohio, où il élève du bétail et produit des céréales. Il meurt le 25 août 2012 après une opération du cœur. Ses cendres sont dispersées, comme il le souhaitait, dans l'océan Atlantique.

1971-2012

1920

1930
Naissance à Wapakoneta (Ohio).

1949
Fait son service militaire dans la marine.

1956
Épouse Janet Shearon.

1957
Ier vol dans un avion-fusée.

1958
Création de la NASA.

1965
Commandant de la mission Gemini 8.

1967
Programme Apollo destiné à alunir.

1968
Choisi pour la mission Apollo 11.

1969
Marche sur la Lune.

1971
Abandonne l'espace pour devenir professeur.

1979
Spot publicitaire firme automobile Chrysler.

1986
Enquêteur dans l'explosion *Challenger.*

1994
Se remarie avec Carol Held Knight.

2012
Meurt après une opération du cœur.

2012
Dispersion de ses cendres dans l'Atlantique.

2015

Les États-Unis
CANADA
ÉTATS-UNIS
MEXIQUE
1
2
3
4
5
6

Légende de LA CARTE

1 Wapakoneta

Cette petite ville de l'Ohio est connue uniquement grâce à Neil Armstrong qui y est né. L'aéroport porte son nom et un musée de l'Espace y a été créé en son honneur.

2 Pensacola

Son nom signifie « ville aux cinq drapeaux », une référence historique aux cinq pays qui l'occupèrent depuis le XVIe siècle. La plus grande base aéronavale américaine y est installée.

3 Base Edwards

Cette base aérienne de l'armée de l'air américaine se trouve en Californie, dans le désert des Mojaves, un lieu inhabité permettant toutes sortes d'essais d'avions et de fusées.

4 Centre spatial Canaveral

Cette base de lancement spatial de la NASA, située en Floride, s'est appelée Centre spatial Kennedy de 1964 à 1973, en hommage au président assassiné en 1963. C'est de cette base que décolle Apollo 11.

5 Cincinnati

Ville pionnière de l'Ohio, la « cité des sept collines », comme on la surnomme, possède une université réputée dans laquelle Armstrong enseigne de 1971 à 1979. C'est aussi là qu'il meurt.

6 Indian Hill

Dans ce petit village, situé non loin de Cincinnati, Armstrong possède une grande ferme. Il y passera, en compagnie de son épouse, ses dernières années dans le calme de la nature.

États-Unis

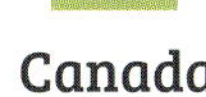

Canada

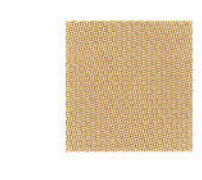

Mexique

John Fitzgerald Kennedy

(1917-1963)

Le jeune président des États-Unis lance des tas de projets, comme celui de la conquête spatiale. Souhaitant qu'un Américain marche sur la Lune, il sera assassiné avant d'avoir vu son rêve se réaliser.

Janet Elizabeth Shearon

(1934)

Le 28 janvier 1956, elle épouse Neil Armstrong, qu'elle connaît depuis l'université. Ils auront trois enfants : Eric l'aîné et les jumeaux Karen et Mark. Ils divorceront en 1994.

Général Matthew Ridgway

(1895-1993)

Après avoir participé à la Seconde Guerre mondiale, ce général américain prend, en 1950, le commandement de la 8e armée américaine en Corée. Armstrong combattra sous ses ordres.

Charles Lindbergh

(1902-1974)

Surnommé « l'aigle solitaire », il est le premier en 1927 à traverser l'Atlantique, de New York à Paris. Un exploit salué par le monde entier et Neil Armstrong, qu'il rencontre plusieurs fois.

Cherche et trouve les éléments suivants dans le décor de droite :

Michael Collins

Edwin Buzz Aldrin

Neil Armstrong

Nixon

La journaliste

Le cameraman

La photographe

Le savant fou

Le vendeur de journaux

Le policier

L'espion soviétique

La maquette

Janet Elizabeth Shearon

Le casque

La taupe

Laïka

L'aigle

Ham

Le lièvre

Le drapeau

Le Jeu des 7 ERREURS

Trouve les 7 différences entre l'image de gauche et l'image de droite.

Solution : les étoiles du drapeau ; le reflet du casque ; les étoiles ; les traces de pas ; la combinaison ; la Terre ; le pied du module.

Le Jeu du

LABYRINTHE

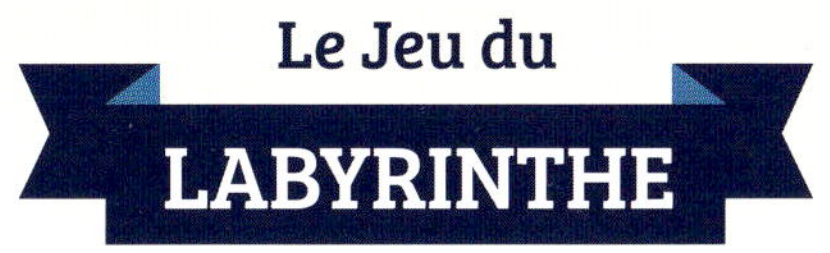

Aide Neil Armstrong à trouver le chemin de la Lune.

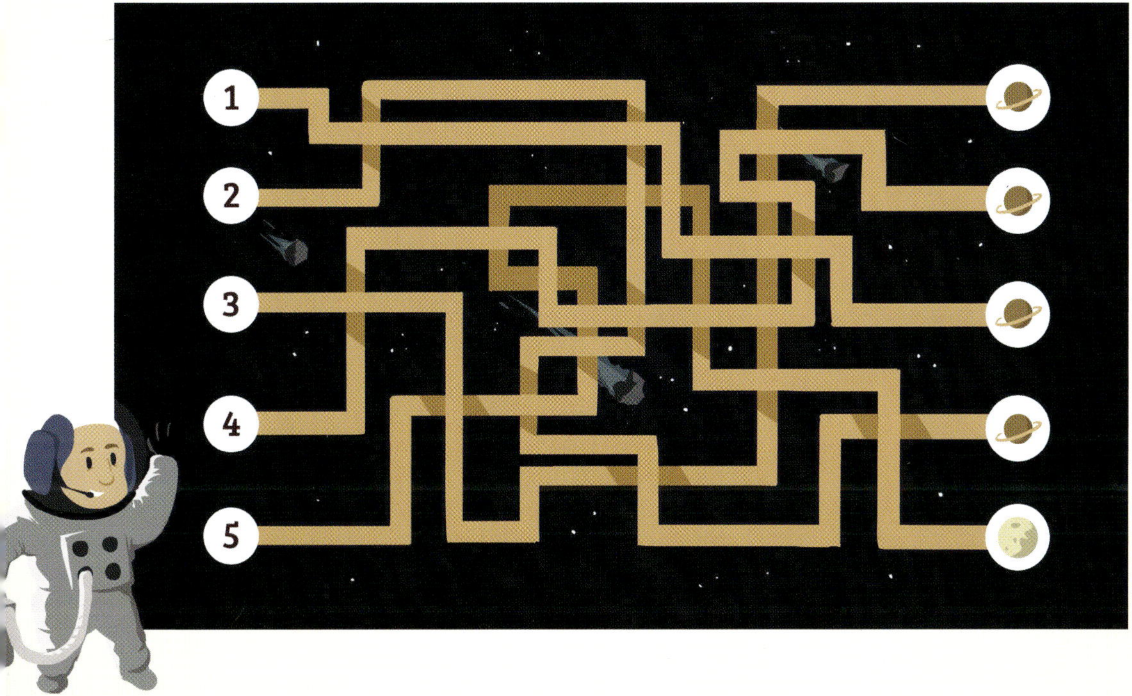

Solution : le bon chemin est le numéro 5.

Retrouve la bonne ombre de Neil Armstrong.

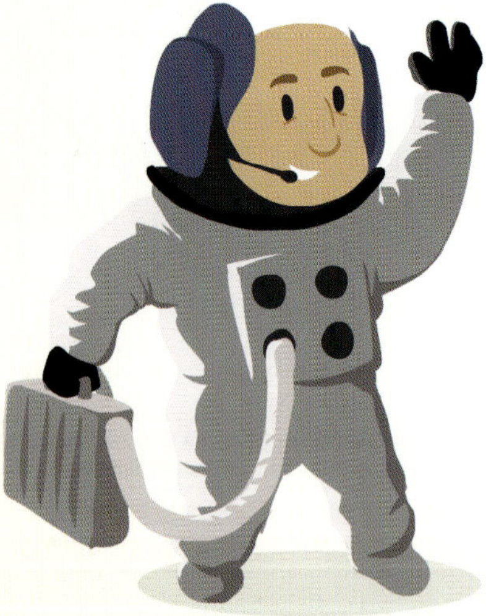

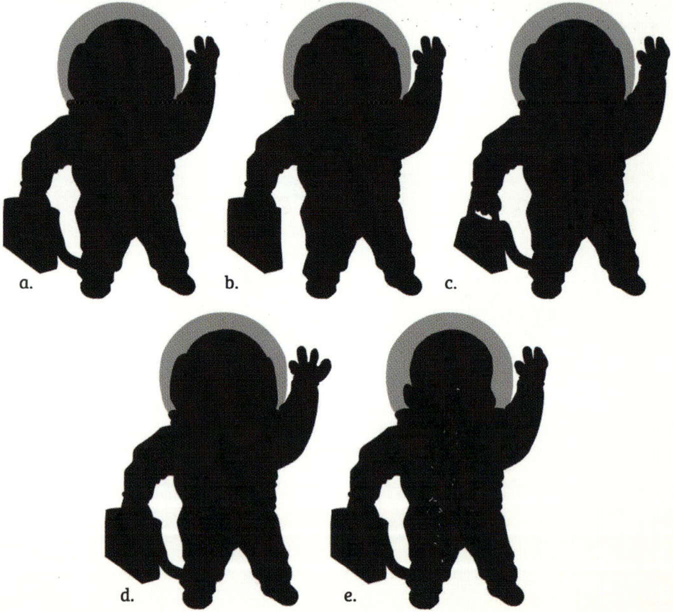

a. b. c.

d. e.

Bonne réponse : l'ombre a

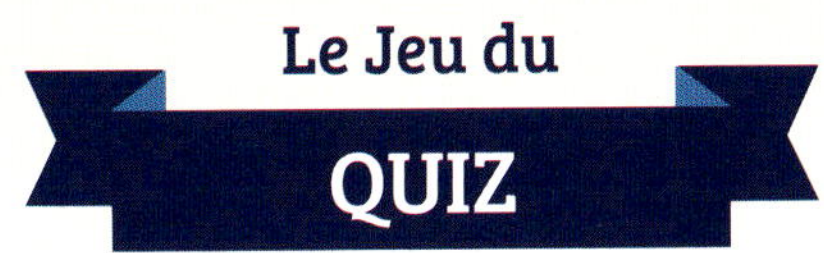

1. De quelle nationalité était Neil Armstrong ?

a. Mexicaine
b. Suisse
c. Russe
d. Américaine

2. Lequel de ces astronautes n'a pas fait partie du premier voyage sur la Lune ?

a. Michael Collins
b. Edwin Buzz Aldrin
c. Neil Armstrong
d. Gordon Cooper

3. En quelle année l'homme a-t-il marché sur la Lune ?

a. 1955
b. 1969
c. 1989
d. 1996

Bonnes réponses : 1.d / 2.d / 3.b

Les livres numériques Quelle Histoire

une collection complète à découvrir dès maintenant

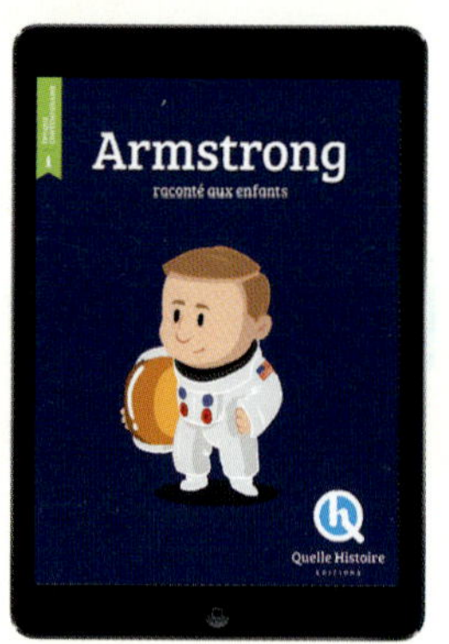

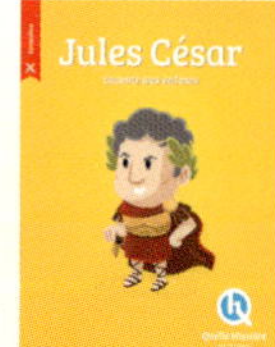

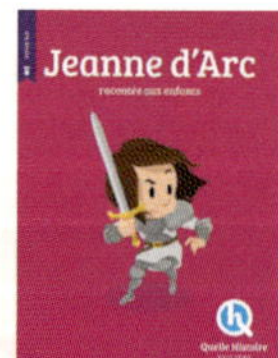

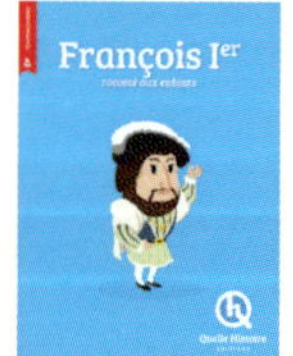

Recherchez « Quelle Histoire » dans l'iBookstore, ou dans l'Amazon store

Les applications Quelle Histoire

une collection complète pour voyager dans l'Histoire

À découvrir également :

Pour plus d'informations rendez-vous sur : **apps.quellehistoire.com**

Recherchez « Quelle Histoire » dans l'App Store ou l'App Shop